VENTE

du Mardi 10 Avril 1900

HOTEL DROUOT, SALLE N° 7

à deux heures

EAUX-FORTES

Modernes

LITHOGRAPHIES

DESSINS

Mᵉ **Paul CHEVALLIER**, commissaire-priseur

10, rue de la Grange-Batelière

M. Loys DELTEIL, expert

ARTISTE GRAVEUR

67, rue Sainte-Anne

CONDITIONS DE LA VENTE

La vente sera faite au comptant.

Les adjudicataires paieront *cinq pour cent* en sus des enchères.

M. Loys Delteil remplira les commissions que voudront bien lui confier les personnes ne pouvant y assister.

MM. les amateurs pourront visiter .la collection, *67, rue Sainte-Anne, les 7 et 9 Avril, de 9 h. à 4 h.*

Paris. — Imp. de l'Art. E. Moreau et Cie, 41, rue de la Victoire.

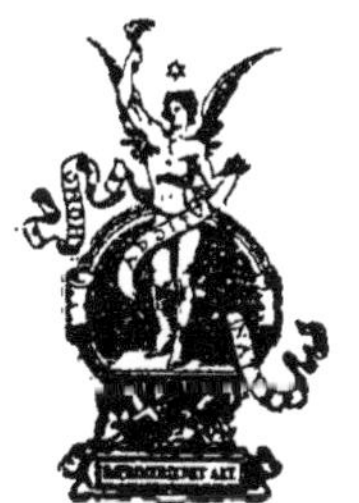

CONDITIONS DE LA VENTE

La vente sera faite au comptant.

Les adjudicataires paieront *cinq pour cent* en sus des enchères.

M. Loys Delteil remplira les commissions que voudront bien lui confier les personnes ne pouvant y assister.

MM. les amateurs pourront visiter .la collection, *67, rue Sainte-Anne, les 7 et 9 Avril, de 9 h. à 4 h.*

Paris. — Imp. de l'Art. E. MOREAU ET Cie, 41, rue de la Victoire.

DÉSIGNATION

1 — Abot (Eugène). La Toilette de Vénus (F. Boucher). L'Abreuvoir (Lynch). Les Couturières (Uhde). Trois pièces. Très belles épreuves d'artiste, avec *remarque*.

2 — Almanachs pour 1838 et 1849, 4 pl., surmontées de sujets.

3 — Ardail (Albert). Beauvoir (la marquise de), d'après E. Toudouze. Superbe épreuve d'artiste, sur parchemin, avec *remarque*, signée.

4 — Avril (Paul). Les Saintes Maries, d'après P. Gervais. Superbe épreuve d'artiste avec *remarque*, sur parchemin.

5 — Barbotin (William). Miss Bingham, d'après J. Reynolds. In-fol. Superbe épreuve d'artiste, sur parchemin, signée.

6 — Billy (Charles de). Boothby (Miss Penelope), d'après J. Reynolds. Superbe épreuve avec *remarque*, sur parchemin.

7 — Billy. La Kermesse. Le Tournoi (Rubens). Printemps (G. Ferrier). Sujets divers (Lancret, Meer, Debat-Ponsan). Huit très belles épreuves d'artistes, avec *remarque*.

8 — BOCOURT (E.). Corot, Millet, Courbet. Trois pièces. Très belles épreuves d'artiste, avec *remarque*.

9 — BOCOURT (E.). Portraits et sujets divers (Holbein, Calcar, Ostade, Sargent, etc.). Cinq pièces. Très belles épreuves d'artiste.

10 — BONINGTON (R.-P.). Rue du Gros-Horloge, à Rouen. Très belle épreuve sur chine.

11 — BONINGTON (R.-P.). Tour du Gros-Horloge, à Évreux. Très belle épreuve sur chine.

12 — BRACQUEMOND (Félix). Comte (Auguste), d'après J. Guichard (H.-B., 22). Très belle épreuve. Rare.

13 — BRACQUEMOND (Félix). Terrasse de la Villa Brancas (H. B., 215). Le Pont des Saint-Pères (217). Deux pièces. Très belles épreuves d'artiste, sur parchemin.

14 — BRASCASSAT (Raymond). Mouton couché. Le Paysage aux deux moutons. Croquis par divers artistes, n° 63. Trois pièces originales, deux fort rares.

15 — BRESDIN (Rodolphe). Paysages ornés de maisons fantastiques. La Rivière ombreuse. Trois pièces. Belles épreuves, deux sur chine. Rares.

16 — BUHOT (Félix). Les Fiacres. (G. B. 123).

17 — L'Hiver en 1879 ou la Place Bréda (128).

18 — La Dame aux cygnes (144).

19 — Les Bergeries (151).

20 — La Chapelle de Saint-Michel (142).

21 — Le Hibou (161).

22 — Les Zigzags d'un curieux (172).

23 — Quatre Anons dans un pré (54). Cacoletière assise (58). Le Couvre-Feu (66). Trois pièces. Très belles épreuves.

24 — BULAND (Emile). Jeune Femme (Holbein). Le Pape Innocent X (Velasquez). Deux pièces. Très belles épreuves d'artiste avec *remarque*, impr., en bistre.

25 — BURNEY (E.). Segur (Mgr de), d'après F. Gaillard. Très belle épreuve d'artiste, avec *remarque*.

26 — BURNEY et CHAMPOLLION. Eaux-fortes et Burins en épreuves d'artiste. Quatre pièces.

27 — CARRIÈRE (Eugène). Puvis de Chavannes. In-fol. Très belle épreuve sur japon, signée. Rare.

28 — CASSATT (Mary). Avant le bain. Pointe-sèche en couleurs, tirée à 5o épreuves (n° 44) pour la Société « *l'Estampe nouvelle* », signée.

29 — CHAM et DAUMIER. Album du Siège. *Aux bureaux du Charivari*. Titre et 38 pl., en 1 vol. cart. (Grattage au titre).

3o — CHAM et VERNIER. Actualités. Cent cinquante-sept pl. Très belles épreuves, coloriées.

31 — CHAMPOLLION (E.). Le Printemps. L'Eté (Louise Abbéma). Le Temps (G. Doré). Sur la Falaise (Duez). La Fête Galante (Pater). Départ (U. Butin). Six pièces. Très belles épreuves avec *remarques*.

32 — CHAMPOLLION et MONZIÈS. Sarah Bernhardt, d'après Bastien Lepage et G. Clairin. Très belles épreuves d'artiste, la 1re avec *remarque*, la 2e sur parchemin.

33 — CHARDIN (d'après J.-B.-S.). Chardin, par Géry-Bichard. La Pourvoyeuse, par Boilot. La Ratisseuse, par Ch. Giroux. Trois pièces. Très belles épreuves d'artiste avec *remarque*, deux sur parchemin.

34 — CHARLET. Scènes militaires. Sujets de genre. Fantaisies. Vingt-cinq pièces (plusieurs rares).

35 — CHAUVEL (Th.). Solitude (L. Delteil) (17). La Grenouille et le Bœuf (20). Pommier à Fleury (24). Trois pièces. Belles épreuves avant la lettre à toutes marges.

36 — CHAUVEL (Th.). Passage de la Ternoise (18). Cerfs en forêt (19). Carrefour des Gorges d'Apremont (26). Le Chemin de la Grève (29). Après la pluie à Vaujours (34). A Saint-Jean-le-Thomas (37), à l'eau-forte pure. Souvenir du Berri (39). Sept pièces. Belles épreuves avant ou sans lettre.

37 — CHAUVEL (Th.). Soleil couchant (45). Environs de Norwich (43). La Barque (56). La Mare (62). Près de Dordrecht (64). Cinq pièces d'après Corot, Crome, Dupré et Jongkind. Belles épreuves, trois avant la lettre, deux autres avec cache-lettres.

38 — CHAUVEL (Th.). Un village en Suède (47, 3e état). Vaine pâture (46). Barques près de Rouen (60, 1er état). Trois pièces d'après Gegerfelt, Jacomin et Lapostolet. Trois belles épreuves avant la lettre, la 3e à l'eau-forte pure.

39 — CHAUVEL (Th.). Clair de lune (Old. Crome) (77).
Près de Dordrecht (Jongkind) (64). En Gueldre
(Koninck) (63). La Falaise (E. van Marcke) (48).
Quatre pièces. Très belles épreuves, trois sur parche-
min, une avant la lettre.

40 — CHAUVEL (Th.). Canal à Venise (67). La Balmassa à
Villefranche (132). Maison de paysan aux Vaulx-de-
Cernay (133). Trois pièces d'après la baronne N. de
Rothschild. Très belles épreuves d'artiste, sur parche-
min, une avec *remarque*, signée.

41 — CHAUVEL (Th.). Vetering Singel (65). Buiten Singel
(66). Canal à Venise (67). Le Sarno à Scafati (131).
Quatre pièces d'après la baronne N. de Rothschild.
Très belles épreuves d'artiste, avec *remarques*.

42 — CHAUVEL (Th.). Connais-tu le pays ? d'après
J. Rolshoven (126). In-folio. Superbe épreuve d'artiste,
sur parchemin, signée du peintre et du graveur.

43 — CHAUVEL (Th.). La Culture des Tulipes, d'après
Hitchcock (128). Superbe épreuve d'artiste, sur japon,
avec *remarque*, signée du peintre et du graveur.

43 bis — CHAUVEL (Th.). Embouchure de la Toucques,
d'après Bonington (108). Très belle épreuve sur chine,
signée.

43 ter — CHAUVEL (Th.). Chien basset, d'après Decamps
(109). Très belle épreuve du 2me état sur Chine, avant
la lettre.

43 (4) — CHAUVEL (Th.). Le Vaisseau fantôme, d'après Ch.

Méryon (107). Deux très belles épreuves, une sur grand chine.

44 — CHAUVEL (Th.). L'Enclos, d'après Van Marcke (113). Très belle et fort rare épreuve du 1er état, sur chine, avec la *remarque*.

45 — COROT (J.-B. Camille). L'Étang de Ville-d'Avray (A. Robaut) (3). Très belle épreuve sur chine.

46 — COSTUMES. Costumes français, suite complète de 96 pl., par Pauquet, coloriées.

47 — COURTRY (Charles). The Ladies Waldegrave. Lady Smith et ses Enfants. Lucy. Trois pièces d'après J. Reynolds et W. Ward. Très belles épreuves d'artiste, sur parchemin et japon, avec *remarques*.

48 — COURTRY (Charles). L'Heureuse Famille (Fragonard). Les deux Foscari (Delacroix). L'Appel après le pillage (Vibert). Trois p. Très belles épreuves d'artiste, signées.

49 — COURTRY (Charles). Maréchal-Ferrant (Worms). L'Heureuse Famille (Fragonard). Têtes d'Étude (Greuze). Sept p. Très belles épreuves d'artiste.

50 — COURTRY (Charles). Intérieur marocain (Guillaumet). Paysages et sujets divers (Corot, Dupré, Millet). Treize p. Très belles épreuves d'artiste, cinq sur japon.

51 — DAUBIGNY et PASTELOT. Paysages exécutés au *Procédé sur verre*. Très rares. Deux pièces in-8°.

52 — Daumier (Honoré). Portraits-charges, 26 pl. Planches de la *Caricature*. Décembre 1830, très rare, etc. En tout 38 pièces. Très belles épreuves, un certain nombre coloriées ou sur chine.

53 — Daumier (Honoré). Les Représentants représentés. 26 pl. Très belles épreuves coloriées.

54 — Daumier (Honoré). Types Parisiens. Actualités. Croquis du jour, etc. 56 pièces. Belles épreuves, la plupart coloriées.

55 — Daumont (E.) et Martin (H.) La Butte Montmartre (A. Defaux). Dans la lande (Em. Michel). Un Chemin au Mesnil (Julien Dupré). Pêcheuses de moules (Th. Weber). Clair de lune à Gravelines (Th. Weber). Un Quai à Rouen (Ch. Lapostolet). Bords du Loing (Zuber). Sept pièces in-fol. Superbes épreuves d'artiste sur parchemin, signées.

56 — Decamps (Alexandre-Gabriel). Les Murailles d'Aigues-Mortes (A. M. 15, 2e état). Très belle épreuve d'une planche de toute rareté.

57 — Decamps (Alexandre-Gabriel). Village de Turquie (A. M. 19). Superbe épreuve sur chine avec le n° 12.

58 — Decisy (Eugène). Éducation maternelle (H. Singleton). Nature (Th. Lawrence). Deux pièces. Superbes épreuves d'artiste sur parchemin, avec *remarques*.

59 — Delacroix (d'après Eug.) L'Hermite Copmanhurst et le Chevalier, par Z. Prévost. In-fol. Belle épreuve.

60 — Delatre (Eugène). Le Complot. Eau-forte en couleurs, signée.

61 — Delatre (Eugène). Eau-forte en couleurs. Épreuve d'artiste, signée.

62 — Delatre. Dans un Jardin. Eau-forte en couleurs, sur japon, signée.

63 — Delarue (F.). Marché aux Fleurs, abat-jour. In-fol., colorié.

64 — Desboutin (Marcellin). Desboutin, tourné de trois quarts à gauche, sans pipe. Petit in-fol. Tres belle épreuve sans aucune lettre.

65 — Devéria et Grêvedon. Herz (Henri), pianiste (H. B. 23). Brambilla (Marietta). Les Trois Maîtresses. Trois lith., in-fol. Belles épreuves sur chine, la première et la troisième piquées.

66 — Diaz (Narcisse). L'Alchimiste (très rare). Les Maléfices de la Beauté. Les Larmes du veuvage. Les Fous amoureux. Les Folles amoureuses. Cinq lith. Belles épreuves sur chine.

67 — Didier (Adrien). Juana Romani, d'après F. Roybet. Superbe épreuve d'artiste avec *remarque*, sur parchemin.

68 — Divers. Révolution de Paris, 1848, 7 lith., in-fol., par J. David et Bayot. Paris incendié (nuit du 24 mai 1871), par Bayot. Le Mur des Fédérés. Bombardement de Strasbourg (nuit du 24 août 1870) d'après G. Doré. Boucherie canine (Siège de Paris), par Ger-

lier. Théâtres de Paris, 2 pl. En tout quatorze pièces, plusieurs rares.

69 — Divers. Paysages. Scènes de genre. Trente pièces par Ch. Jacque, J. L. Brown et autres.

70 — Dunod (Charles). Louise de Caraman-Chimay, d'après Répine. La Sieste paternelle, d'après J.-B. Le Prince. Ne bouge pas!..., d'après L. Leloir. Trois pièces. Très belles épreuves d'artiste sur parchemin, avec *remarques*.

71 — Eaux-fortes modernes. Floréal (R. Collin). Nani (U. Checa). Le Benedicite (W. Gay). Geoffroy Dechaume dans son atelier (Bail). Marchande de crêpes à Quimperlé (Trayer). La Maison de campagne (P. de Hooch). Six pièces par Coppier, Deville, Manesse, etc., avec *remarques*, sur parchemin.

71 bis — Une partie de Whist (G. Cain). Philosophe en méditation (Rembrandt). Les Cerises (Salmson). L'Homme à la ceinture de cuir (Courbet). Faneuse (Julien Dupré). Scènes de genre (H. Bacon). Sabine (Carolus Duran). Le Perroquet favori (G. Morland). La Vieille à la tabatière (E. Renard). Neuf pièces, par Mlles Poynot, Formstecher, Louveau-Rouveyre, L. Contour. Très belles épreuves d'artiste, la plupart sur parchemin, avec *remarques*, signées.

72 — Eaux-fortes modernes. Sujets divers : Touche-à-tout (L. Deschamps). L'Indiscrète (Simonetti). Le Géographe (Van der Meer), etc. Dix pièces, par A. Boilot, L. Lambert et autres. Très belles épreuves sur parchemin, avec *remarques*.

73 — EAUX-FORTES MODERNES. La Pêche. La Chasse. Glaneuse. Défaite des Cimbres, etc. Onze pièces, la plupart par Edmond Hédouin, quelques-unes avant la lettre.

74 — EAUX-FORTES MODERNES. Tigre et buffle (Verlat). La Moqueuse. Les Gratteurs de pavé (Boughton). Intérieur d'Ecurie (Morland). Santa Maria (Guardi). Ma Mère (Carolus Duran). Tabernacle de Florence (Robbia). Dans la Campagne (Lerolle). Préparatifs au Caire (Bridgmann). Curé espagnol. Les Laveuses (Trayer). L'Argiphonte. Eventail et poignard (Falguière)· Remords de Caïn (Lira). Quartorze pièces par Pirodon, Artigue, Faivre, Wilson, Habert-Dys, Lurat, Ruet, Massé, Le Rat. Très belles épreuves avec *remarques*.

75 — EAUX-FORTES MODERNES. Sujets divers. Onze pièces in-fol., par A. Mongin, L. Quarante, Girardet, etc. Très belles épreuves sur parchemin ou japon, plusieurs avec *remarques*, signées.

76 — EAUX-FORTES MODERNES. La Place Bréda; par Buhot. Le Trocadéro, par H. Toussaint. Paysages, Sujets, par Daubigny, F. S. Church, Robinson, Heseltine et autres. Dix pièces. Belles épreuves, la plupart sur parchemin ou japon.

77 — EAUX-FORTES MODERNES. Portraits : Chaplin (Ch.). Butin (Ulysse). Grévy. Mme Orchardson, Thiers. Mme Pasca, etc. Douze pièces par A. Mongin, Lhuillier, Leenhoff, Massard, etc. Très belles épreuves d'artiste, sur parchemin.

78 — EAUX-FORTES MODERNES. Vues et Paysages. Quinze pièces in-fol., par Edm. Yon, A. Boulard, Jacomin,

Mlle Niel, etc. Très belles épreuves d'artistes avec *remarques*, trois sur parchemin.

79 — EAUX-FORTES MODERNES. Sujets divers et Paysages. Quinze pièces par divers artistes. Très belles épreuves sur parchemin.

80 — EAUX-FORTES MODERNES. Sujets divers, d'après les Maitres anciens et modernes. Vingt pièces in-fol. par Ramus, L. Carred, Focillon, Artigue et autres. Très belles épreuves d'artiste avec *remarques*.

81 — EAUX-FORTES MODERNES. Sujets divers et Paysages. Vingt-deux pièces in-8° et in-4°, par divers artistes, la plupart sur parchemin ou japon.

82 — EAUX-FORTES MODERNES. Sujets divers, d'après les Maîtres anciens et modernes. Vingt-sept pièces, par Salmon, Leenhoff, A. Mongin, Boulard et autres. Très belles épreuves avec *remarques*.

83 — EAUX-FORTES MODERNES. Sujets divers, Paysages. Trente pièces, par J. Laurens, Ribot, Van Marcke, Chauvel, Jacquemart. Belles épreuves.

84 — ESTAMPE ET L'AFFICHE (L'). L'Estampe et l'Affiche, revue d'art avec planches originales de Fantin-Latour, L. Legrand, Chahine, Boilvin, Dauchez, Couboin, Loys Delteil, etc. Années 1897, 1898, 1899. Collection complète, l'un des 36 exemplaires de luxe sur vélin à la cuve, tirage à part sur chine de toutes les illustrations répandues dans le texte (Épuisé).

85 — FANTIN-LATOUR (H.). Les Brodeuses (3e pl.), (G. H. 144). Très belle épreuve sur japon.

86 — FANTIN-LATOUR. Jeune femme cueillant des fleurs, 1ʳᵉ pensée de l'Eve. Très belle épreuve d'artiste, sur chine volant.

87 — FLAMENG (Léopold). Camille Desmoulins. Le Lutrin (F. Flameng). Portrait de Mᵐᵉ ***. Sujet de genre. Cinq pièces. Très belles épreuves d'artiste sur parchemin, une signée.

88 — FLAMENG ET GAUCHEREL. Portrait de Femme (Rembrandt, Un Vieillard. La Musicienne (Palamèdes). Panneau d'ornements (coll. Double). Menu du Dîner des 5o. Memento, 1870-1871. Six pièces. Très belles épreuves avant la lettre, deux signées.

89 — GAILLARD (C.-F.). Le Condotierre, d'après Antonello de Messine. La Vierge. La Vierge au donateur, d'après J. Bellin. Œdipe, d'après Ingres. Quatre pièces. Belles épreuves.

90 — GAUCHEREL (Léon). Ophélie (E. Delaunay). Baie de Naples (Galofre). Une Rue à Dinan (baronne de Rothschild). A Scafati (id.). Vieilles Maisons à Vitré (id.). La Tamise à Greenwich (Lapostolet). La Jeune Fille et la Mort (Sarah Bernhardt). Bibliothèque de Subiaco (Ethofer). Rue des Prêtres-Saint-Germain-l'Auxerrois. La Lande de Kerrenic (Bernier). Pont de Lhéritier (G. Cain). Place St-Marc (Guardi). Douze pièces. Très belles épreuves avec *remarques*, plusieurs sur parchemin.

91 — GAUJEAN (Eugène). La Vierge, Saint Georges et

Saint Donatien, d'après Van Eyck. In-fol. Superbe épreuve avec *remarque*, sur japon, signée.

92 — GAUJEAN (Eugène). Chatelet (Marquise du), d'après Nattier. Très belle épreuve d'artiste avec *remarque*.

93 — GAUJEAN (Eugène). La Fillette aux cerises, d'après John Russell. Très belle épreuve d'artiste sur japon, avec *remarque*.

94 — GAUJEAN (Eugène). Souvenirs (Chaplin). Abandonné (Deschamps), 2 états. Trois pièces. Très belles épreuves d'artiste, impr. en couleurs.

95 — GAUJEAN (Eugène). Buste de Jeune Fille, d'après Greuze. La Barque du Bonheur, d'après Mlle Mayer. La Laitière. Patineuse. Quatre pièces. Très belles épreuves avant la lettre, la 1re impr. en couleurs.

96 — GAUJEAN (Eugène). Les Enervés de Jumièges (Luminais). Famille de chats (Eug. Lambert). Les Deux Amis (Ph. Rousseau). L. del Rio (A. Moro). Leçon de Musette (Deyrolle). Cinq pièces. Très belles épreuves d'artiste avec *remarque*, trois sur parchemin, signées.

97 — GAUTIER (Lucien). Vues de Paris : Place du Châtelet. La Rue Galande. L'Abside de Notre-Dame. La Rue Saint-Julien-le-Pauvre. La Rue du Haut-Pavé. Le Petit Bras de la Seine le 3 janviet 1880. Six pièces in-fol. Très belles épreuves d'artiste, avec *remarques*.

98 — GAUTIER (Lucien). Vues de Paris : Le Pont de l'Archevêché. L'Ecluse de la Monnaie. La Place Mau-

bert. Le Quai Jemmapes. Le Pont des Saints-Pères.
Eglise Saint-Médard. Le Pont-Royal. Sept pièces
in-fol. Très belles épreuves d'artiste, avec *remarques*.

99 — Gautier (Lucien). Marseille : le Vieux Port. Bassin
de Carenage. Quai du Vieux Port. Quai de la Frater-
nité. Bassin de la Joliette. La Nouvelle Eglise. La
Passe du Vieux Port. Quai de Rive-Neuve. Un coin du
Vieux Port. L'Hôtel de Ville. Les Chantiers du Pharo.
Le Palais de Longchamps. La Cannebière. Les Cata-
lans. Bassin des Messageries. Quinze pièces in-fol.
Très belles épreuves d'artiste, avec *remarques*.

100 — Gavarni. Les Toquades (M. et E. B. 2029-2048
RRR). Suite complète de vingt pl. Très belles épreuves
sur chine dans la couverture de publication.

100 bis — Premier dizain de Mme Jeanne Gavarni.
Dix pl., avec le texte musical, dans la couverture de
publication.

101 — Gavarni. Les Premières œuvres de Gavarni, texte
par Arsène Houssaye. Vingt lithographies imp., en
sanguine, en 1 vol., in-fol., dem.-rel.

102 — Gavarni. Sujets de genre. Modes. Quarante-huit
pièces, la plupart extraites de l'*Artiste*.

103 — Gilbert (Achille). Mme H... (Henner). Jeunesse de
Samson (Bonnat). Les lutteurs (Falguière). Trois
pièces. Très belles épreuves d'artiste, une avec
remarque.

104 — GIROUX (Charles). Contrat de Mariage, d'après Ant. Watteau. In-fol. Très belle épreuve d'artiste, sur parchemin, avec *remarque*, signée.

105 — GIROUX (Charles). Offrande à l'Amitié, d'après Greuze. In-fol. Très belle épreuve d'artiste, sur parchemin, signée.

106 — GREUX (Gustave). Conversation au bord de l'eau (Ant. Watteau). Jacob et l'Ange. Héliodore chassé du Temple (E. Delacroix). Le Retour de la Ferme (Troyon). Près de Naples. Crépuscule (Van der Neer). Le Torrent (Ruysdaël). Venise (Guardi). Fleurs. Huit pièces. Très belles épreuves d'artiste, avec *remarques*.

107 — GUÉRARD (Henry). Japonisme. Belle épreuve impr., en sanguine.

108 — GUÉRARD (Henry). Têtes de Fantaisie. Marines. Dixp. Très belles épreuves.

109 — HERVIER (Adolphe). Marée basse. Éventrement de de la courge. Intérieur de Chiffonniers. Trois pièces. Très belles épreuves.

110 — HUET (Paul). Le Midi. Château d'Eu. Environs de Rouen. Paysages. Dix eaux-fortes et lithographies, deux sur chine.

111 — JACQUEMART (Jules). L'Infante Isabelle, d'après S. de Vos. Le Bougmestre de Leyde et sa Femme, d'après Moor. Élisabeth, reine d'Espagne, d'après A. Moro.

Sujets de genre et Marines, d'après Teniers, Ostade, Fyt, Goyen et Greuze. Douze pièces. Belles épreuves sur parchemin en japon, tirées avec cache-lettres.

112 — JASINSKI (Félix). Warham (W.), archevêque de Cantorbéry, d'après Holbein. In-fol. Superbe épreuve avant la lettre, sur japon, signée.

113 — JASINSKI (F.). La Dame rose, d'après A. Stevens. Très belle épreuve sur parchemin, signée.

114 — JASINSKI (Félix). La Rédaction du Journal des *Débats* (J. Béraud). Ne bouge pas (Ms Roy). Intérieur Flamand (G. Coques). Trois pièces. Très belles épreuves d'artiste.

115 — JAZET (J.-P.-M.). Traits de bonté, de générosité et d'héroïsme du Duc de Berry. Onze pièces, d'après H. Fragonard, Chasselat, etc. Très belles épreuves.

116 — JAZET (J.-P.-M.). Épisodes de la Révolution de 1830 : Attaque de l'Hôtel de Ville. Rue de Rohan. Défense de la Porte Saint-Denis. Inhumation des Martyrs de la Liberté. Quatre pièces in-fol.

117 — JEANNIN (F.-E.). La Vierge et l'Enfant Jésus (Rubens). Fillette (Reynolds). Jeune Femme (Gigoux). Trois pièces. Très belles épreuves d'artiste sur parchemin, avec *remarque*.

118 — KŒPPING (Ch.). François Ier, d'après Titien. La Sœur aînée, d'après Linbermane. Deux pièces. Très belles épreuves d'artiste, une sur parchemin.

119 — Lalanne (Maxime). Paysannes. Animaux. Vues de Marcousis, Ville-d'Avray, etc. Onze pièces, d'après Berghem, Cl. Lorrain, Troyon, Corot et autres. Très belles épreuves, six sur japon.

120 — Lalauze (Adolphe). Louisa, d'après W. Ward. Superbe épreuve d'artiste avec *remarque*, sur parchemin.

121 — Lalauze (Adolphe). Au Luxembourg. La Bonne Aventure (Willems). Les Voici! (Green). L'Éducation de l'Infant (Tiepolo). Cinq pièces. Très belles épreuves avant la lettre, deux sur japon.

122 — Lalauze. Les Gracques (Guillaume). Première communion à Dieppe (Morris). Une Mauvaise Plaisanterie (Casanova). Acis et Galathée à la Cour (Cochin). Autour du Piano (Béraud). La Diseuse de bonne aventure (Willems). Six pièces. Belles épreuves d'artiste, deux sur parchemin.

123 — Assemblée galante, d'après J.-B. Pater. Portrait et scènes de genre d'après Cochin, Watteau, Boucher, Saint-Aubin. Onze pièces, in-4° et in-fol., sur japon, avec *remarques*.

124 — Lançon (Auguste). Lion de Nubie. Tigre Royal. Cerf. Lionne du Sénégal. La Cigognière au Jardin d'Acclimatation. La Mare (d'après Troyon). Neuf pièces. Belles épreuves sur parchemin ou japon, tirées avec *cache-lettre*.

125 — Lançon (Auguste). Souvenirs de la Guerre de 1870. 52 pièces. Belles épreuves sur japon.

126 — LAURENS (Jean-Paul). Les Fils de J.-P. Laurens. Belle épreuve avant la lettre, sur japon.

127 — LAURENS (Jean-Paul). Le Pape, par Victor-Hugo. Huit eaux-fortes originales. Très belles et rares épreuves d'essai.

128 — LE COUTEUX (Lionel). Don Carlos, d'après L. Bonnat. Superbe épreuve avant la lettre, sur parchemin.

129 — LEGRAND (Louis). Spleen. Très belle épreuve imp., en couleurs.

130 — LEMUD (A. de) Hélène Adelsfreit. Belle épreuve sur chine.

131 — LE RAT (Paul). Coureuse. Fauteuil Louis XIV. Le Tailleur. La Route du Bois, etc. Cinq pièces en épreuves d'artiste, deux signées.

132 — LITHOGRAPHIES. Caricatures politiques. Diableries. Titres de Romances. Sujets de genre. 40 pièces par C. Nanteuil, Raffet, Le Poittevin, Devéria, G. Doré, Eug. Delacroix.

133 — LOS RIOS (R. de). Paris le soir, d'après Luigi Loir. Très belle épreuve d'artiste avec *remarque*, sur parchemin.

134 — LUCAS (P.). Lady Marie-Catherine Pelham Clinton, d'après J. Reynolds. Superbe épreuve d'artiste sur parchemin, avec *remarque*, signée.

135 — LUCAS (L. et P.). Gentilhomme (Amberger). Guillaume III d'Orange (A. van Dyck). Anne d'Autriche (Pourbus). Don Ant. de Inglès (Velasquez). Portrait de Femme (S. Coello). L'Étude (H. Fragonard). La Paie des Moissonneurs (Lhermitte). Sept pièces. Très belles épreuves avec *remarques*, une sur parchemin.

136 — MANET (Édouard). Le Polichinelle (H. B. 72). Très belle et rare épreuve imp. en couleurs. Encadrée.

137 — MARTIAL-POTÉMONT, MERCIER, MONGIN. Retour de la Pêche de Cancale (Feyen-Perrin). Un Fou sous Henri III (Roybet). Jeune Citoyen de l'An 5 (J. Goupil). Éducation de la Vierge (Rubens). Scène de genre (Hals). La Princesse Mary (P. Lely). Sept p. Belles épreuves avant la lettre.

138 — MASSON (Alphonse). Jean Raisin. L'Homme à la manche jaune. L'Aveugle et Guzman d'Alfarache. Trois pièces d'après Th. Ribot. Très belles épreuves d'artiste, une sur parchemin.

139 — MAURIN (Charles). Pierrette. Eau-forte. Très belle épreuve, signée.

140 — MAURIN (Charles). Sur le banc. Eau-forte. Très belle épr., signée.

141 — MAURIN (Charles). Femme couchée. Bois original, signé.

142 — MAURIN (Charles). Le Fumeur. Bois original en couleurs, signé.

143 — Maurin (Charles). Profil de paysanne. Bois original, signé.

144 — Meissonier (d'après E.) Une Lecture chez Diderot. Un Poète. Joueur de guitare. Deux Lansquenets. Jeune Homme lisant. Six p., par Rajon, Mongin, Flameng, Lalauze, Carey et Leterrier, une avant la lettre.

145 — Méryon (Charles). Rue Pirouette, aux Halles, 1860 (H. B. 24). Très belle épreuve avant les inscriptions modifiées. Rare.

146 — Méryon (Charles). Bizeul (L. J. M.), de Nantes (H. B. 96). In-8°. Très belle épreuve sur chine.

147 — Milius (F.). Master Baby, d'après Orchardson. In-f°. Superbe épreuve d'artiste, sur parchemin.

148 — Milius (F.). Médée (Delacroix). Les Enfants dans le bois. Sous bois (Diaz). L'Enfant au gâteau. Quatre pièces. Très belles épreuves avant la lettre, deux sur japon.

149 — Milius (F.). Un Stradivarius (Goeneutte). L'Horoscope accompli (Freudenberger). Légende de Saint François d'Assise (Chartran). Au Bord de la mer (Duez), etc. Sept pièces. Très belles épreuves avant la lettre, trois signées.

150 — Milius (F.) Les Fileuses (Velasquez). Médée (Delacroix). Un Stradivarius (Gœneutte). Portrait de Femme (Rubens). Fin d'Octobre (Duez). Six pièces. Très belles épreuves d'artiste, quatre sur parchemin.

151 — MILLET (D'après J.-F.). L'Angelus, par F. Jacque. Grand in-f°. Deux très belles épreuves avec *remarque*, sur japon.

152 — MILLET (D'après (J.). Les Premiers Pas. Les Voyageurs égarés, par F. Jacque. Quatre très belles épreuves avec *remarque*, sur parchemin.

153 — MILLET (D'après J.). L'Angelus. La Faneuse. La Baratteuse. La Rentrée du troupeau. Gardeuse de moutons. Cinq pièces par Edm. Hédouin, C. Giroux, Greux. Très belles épreuves avec *remarque*, trois sur parchemin.

154 — MONNIER (Henry). Fables de La Fontaine. Chansons de Béranger. 90 pl., coloriées.

155 — MORDANT (Daniel). La Jeune Femme à la Rose (Goya). Rothschild (Baron de). Sous le Directoire (Edelfelt). La Consultation (P. de Hooch). Quatre pièces. Très belles épreuves d'artiste avec *remarque*, la première sur parchemin.

156 — MORDANT (Daniel). Jean Gallus et sa Femme (A. Moro). Une Famille (Rembrandt). Snyders et sa Femme (Van Dyck). Un Savant (Rubens). Vieille à sa fenêtre (G. Dow). La Prière (Béraud). Au Bord de la mer. Les Enfants du Marin (Butin). Neuf pièces. Très belles épreuves d'artiste, *remarque*.

157 — NANTEUIL (Célestin). Titres de Romances. Sujets de genre. Quatre-vingt-deux pièces. Belles épreuves sur chine, la plupart avant la lettre.

158 — Nicolle (E.). Le Vieux Rouen. Dix pièces in-f°. Très belles épreuves.

ORNEMENTS

159 — Babel, Bachelier, Berthault. Cartouches. Encadrements. Culs-de-lampe et fleurons. Vingt-quatre pièces. Belles épreuves.

160 — Bella (Della) et Anonyme. Cartouches divers. Vingt-et-une pièces. Belles épreuves.

161 — Eisler (Jean-Léonard). *Neu Inventirtes Laub und Bàndelwerck...* titre et 2 pl., y compris un double.

162 — La Londe. Dessus de Portes et Cartels, Cartels de pendules, etc. 8 pl. gravées par Foin.

163 — Ranson. 15ᵉ *Cahier de Trophées*, suite de six pièces (3 pl., sont incomplètes). Titre du *Livre de Trophées des Arts et Sciences*. Encadrement orné. Cartouches. Dix pièces, gravées par Berthault.

164 — Vriese (Vredeman de)? Cartouches ornés de figures d'animaux et de divers attributs. Dix pièces in-4° sans aucunes lettres. Belles épreuves.

165 — Divers. Titre de Cartouches, par Toro. Cartouches et encadrements, par Toro, Houel, La Joue et anonymes. Quinze pièces.

166 — Divers. Ornement d'orfèvrerie, par Mignot. Cartouches divers. Encadrements, etc. Vingt-deux pièces.

167 — OUDART (Félix). Dans la Prairie, d'après Julien Dupré. In-f°. Superbe épreuve d'artiste, avec *remarque*, signée.

168 — PARIS (Estampes relatives à). Paris, pris de la terrasse de l'Observatoire, par Himely. In-f°. Belle épreuve.

169 — PARIS (Estampes relatives à). Paris en miniature : Monuments, théâtres, cafés, etc. Neuf pièces, par Arnout. Belles épreuves sur chine.

170 — PARIS (Estampes relatives à). Paris et ses Arrondissements, 4 pl. Magasins de Nouveautés. En tout 7 pl., in-f°, par Arnout. Epreuves sur teinte.

171 — PARIS (Estampes relatives à). Vues diverses, par Arnout. Trente pièces coloriées, un certain nombre avant la lettre. (Trois relatives à Fontainebleau).

172 — PAYRAU (Jules-Simon). Cornelis de Vos et sa Famille, d'après C. de Vos. Très belle épreuve d'artiste, avec *remarque*, sur parchemin.

173 — PIGUET (Rodolphe). Une Parisienne. In-fol. Très belle épreuve d'artiste, avec *remarque*.

174 — PIGUET (Rodolphe). Suzette. Suzon. Deux pointes sèches in-4°. Superbes épreuves d'artiste, sur parchemin, avec *remarques*. Signées.

175 — PIGUET (Rodolphe). La Fillette au Chat, d'après J.-B. Perroneau. In-fol. Superbe épreuve d'artiste avec *remarque*, sur parchemin, signée.

176 — Potémont (A. Martial). Le Retour de la Pêche, à Cancale, d'après Feyen-Perrin. In-fol. Très belle épreuve avant la lettre, avec *remarque*, signée.

177 — Prud'hon (d'après P.-P.). Mme Antony et ses Enfants. Marguerite. Une Pensée. La Volupté. Enlèvement de Psyché. Neuf pièces par Aubry-Lecomte, Sirouy et Thornley. Très belles épreuves sur chine, trois avant la lettre.

178 — Prud'hon (d'après P.-P.). L'Œuvre de P.-P. Prud'hon. Paris, Fabré, s. d. 50 lithographies dans le cartonnage de publication. Épreuves sur chine.

179 — Raffet (A.). Le Réveil (H. G. 85). Belle épreuve sur chine.

180 — Raffet (A.). La Revue nocturne (H. G. 429). Belle épreuve du 2e état, sur chine.

181 — Raffet (A.). Carré enfoncé. Conquête de la Hollande. Ordre du jour. 1813, etc. Dix pièces, une sur chine.

182 — Rajon (Paul). Cleveland (Mme). In-4º. Très belle épreuve sur japon, imp., en sanguine.

183 — Rajon (Paul). The Blue Boy, d'après Gainsborough. Très belle épreuve d'artiste, avec *croquis* dans les marges.

184 — Rajon (Paul). Charles Meissonier en costume Louis XIII, d'après E. Meissonier. In-8º. Très belle épreuve avant la lettre, sur japon.

185 — RAJON (Paul). Portrait d'homme (F. Hals). Deux pièces, Victor Hugo (L. Bonnat). Superbes épreuves d'artiste, une signée.

186 — RAJON (Paul). Portraits : Lord Gower. R. P. Martineau. Reid, etc. Cinq pages. Très belles épreuves d'artiste.

187 — RAJON (Paul). Un duel après le Bal, d'après Gérome. Le Saltimbanque. Noce de Village, d'après Steen, etc. Six pièces, cinq avant la lettre.

188 — RAJON (Paul). Sir G. Yonge (Reynolds). Mme Pasca (Bonnat). Portrait de Femme (Bordone). Mistress Baldwin (Reynolds). Cortigiana (Blanchard). Sujet mythologique (Jordaens). Huit pièces. Belles épreuves sur parchemin ou japon, la plupart avec cache lettres.

189 — RAMUS (Edmond). Comte et comtesse d'Arundel. Sainte Famille. Etudes de Nègres (Rubens). Partie de musique (L. Volders). Janissaire (A. Fabrès). L'Intermède. High-life (Béraud). A l'Atelier (Daumier). Mme G. Van den Bos. Leaving Home! (Holl). Clorinde (E. Delaunay). Un début à l'Atelier (Bompard). Douze pièces. Très belles épreuves d'artistes avec *remarques*, deux sur parchemin.

190 — RASSENFOSSE. Eve. Vernis mou. Belle épreuve, signée.

191 — REDON (Odillon). Le Sphinx. Saint Antoine. Lerne. La Fenêtre. Allégories. Sept pièces. Très belles épreuves sur chine, signées.

192 — Rops (Félicien). Le Bassonniste. Belle épreuve sur hollande.

193 — Rops (Félicien) Bourgeoisie. Belle épreuve.

194 — Rops (Félicien). Le dessous des cartes d'une partie de whist (grande pl.) Belle épreuve sur japon.

195 — Rops (Félicien). L'Incantation. Superbe épreuve sur japon.

196 — Rops (Félicien). Lassata. Très belle épreuve sur japon.

197 — Rops (Félicien). Le Médecin des fièvres (grande pl.) Épr. sur japon.

198 — Rops (Félicien). La Messagère du diable. Epreuve sur japon.

199 — Rops (Félicien). Naturalia. Belle épreuve sur hollande.

200 — Rops (Félicien). La Pantoufle de Cendrillon et Repos. Epreuve sur japon.

201 — Rops (Félicien). Le Vice suprême (grande pl.) Belle épreuve.

202 — Ruet (Louis). La Dernière Gerbe, d'après Maurice Leloir. Très belle épreuve d'artiste avec *remarque*.

203 — Salles (Léon). Miss Francis Harris, d'après J. Reynolds. Superbe épreuve d'artiste avec *remarque*, sur parchemin.

204 — SALMON (Emile). Pâturages Nivernais, d'après Rosa Bonheur. In-fol. Très belle épreuve sur parchemin, avec *remarques*, signée.

205 — SEYMOUR-HADEN (Francis). Habitation de ·lord Harrington dans les Jardins de Kensington. In-8° Très belle contre-épreuve.

206 — SODERLUND. Georgina de Devonshire et sa Fille (J. Reynolds). Théodora (Benjamin-Constant). Très belles épreuves d'artiste avec *remarque*, sur parchemin.

207 — STEVENS (d'après Alfred). La Bête à bon Dieu, par F. Jasinski. Dame Rose, par le même. Les Visiteuses, par A. Mongin. Trois pièces. Très belles épreuves d'artiste, une avec *remarque*.

208 — TRAVIÈS (C.-J.). Portraits-charges. La Caricature. Mayeux. Vingt-six pièces. Belles épreuves, plusieurs coloriées ou sur chine.

209 — VALMON (Léonie). Marines, d'après Lapostolet et la baronne N. de Rothschild. Quatre pièces. Très belles épreuves d'artiste, avec *remarques*, deux sur parchemin, signées.

210 — WALTNER (Charles-Albert). Galles (le prince de). Eau-forte originale. Superbe épreuve d'artiste sur parchemin, signée.

211 — WALTNER (Charles-Albert). Vrydags Van Vollenhoven et sa Femme (Raveystein). Bohémienne (Ricard). L'Abreuvoir (Troyon). Quatre pièces. Très belles épreuves d'artiste, sur parchemin.

212 — Whistler (J.-M.-N.). Black Lion Warf, 1859 (W. 40). Très belle épreuve.

213 — Whistler (J.-M.-N.). Une place en Angleterre. Lithographie. Belle épreuve sur japon. Rare.

DESSINS

214 — Heidbrinck. La Romance.

215 — Maurin (Charles). La Toilette. Signé.

216 — Morin (Louis). Dessins à la plume. Encadrés. Signés.

217 — Rassenfosse. Buste de Femme. Signé.

218 — Sous ce numéro, il sera vendu des estampes en lots.

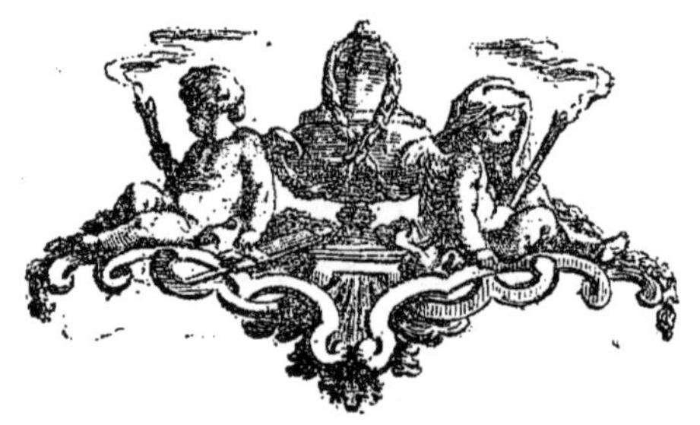